eiscremes

sorbets und parfaits

HÄDECKE

Thuri Maag
Armin Zogbaum

eiscremes
sorbets und parfaits

Lizenzausgabe für Walter Hädecke Verlag
D-71263 Weil der Stadt
www.haedecke-verlag.de

Lektorat
Léonie Haefeli-Schmid

Gestaltung
FonaGrafik, Petra Niederberger

Foodbilder
Armin Zogbaum, Zürich

Stimmungsbilder
Claudia Albisser, Basel (Haupttitel, Seite 7, 16, 20)

Druck
Kösel, Altusried-Krugzell

ISBN 978-3-7750-0567-8

inhaltsverzeichnis

einführung | eis**abc** 10

rezepte | sorbet

erdbeersorbet 18
himbeersorbet 18
johannisbeersorbet 19
schlehdornbeerensorbet 19
holunderbeersorbet 21
stachelbeersorbet 21
orangensaftlutscher 22
orangensorbet 22
kirschsorbet 22
birnensorbet 25
mirabellensorbet 25
aprikosensorbet 27
pfirsichsorbet 27
duftgeraniensorbet 28
lindenblütensorbet 28
rosenblütensorbet 30
frühlingsblumensorbet 30
holunderblütensorbet 31
minzesorbet 31

granité

eiskaffeegranité 32
sorbet **au marc** 32
melonengranité 34
rosé-champagnersorbet 34

eiscreme

vanilleeis | grundrezept 36
stracciatellaeis 36
waldhonigeis 39
schokoeis 39
erdbeerjoghurteis 40
rhabarberjoghurteis 40
heidelbeer-pinguin 42
heidelbeereis 43
mandarinen-fisch 44
erdbeereis 44
himbeerjoghurtcake 47
karamelljoghurteis 47
schokoeislutscher 48
fruchtquarkeis 48
vanillequarkeis 48

himbeer-/brombeereis 51
himbeerjoghurtlutscher 51
minzeeis 52
vanilleeis 52
mandeleis 55
nusseis 55

parfait
pistazienparfait 56
beereneistorte 56
parfait **au grand marnier** 59
grünteeparfait 60
schokoladenparfait 60
cranberry-ricotta-parfait 63
beerenparfait 65
mokkaparfait 66
schokoladenparfait 66

eiskaffee
wiener eiskaffee 68
irish icecoffee 68
swiss icecoffee 68

zabaione
portozabaione 70
champagner-trauben-zabaione 70

kreationen
beerencassata 73
eis**spaghetti** 74
orangen-vanille-cooler 77
fruchtige eistorte 78
kokosnusseispralinen 81

gebäck
vanillecornets 82
karotten-mandeln-waffeln 82
kokosnussmakronen 83
sandwaffeln 85
bananenwaffeln 85
nussbrownies 86
haselnussmakronen 87
schokowaffeln 87

register 88

abkürzungen

EL gestrichener Esslöffel
TL gestrichener Teelöffel
dl Deziliter
ml Milliliter
Msp Messerspitze

vorwort

Selbst gemachtes Eis kennt keine Konkurrenz

Eine kulinarische Sternstunde erwartet all jene, die den ersten Schritt wagen und ihr Eis selber herstellen: Sorbets, Eiscremes und Parfaits, die uns mit dem untrüglichen Aroma von frischen Beeren und Früchten, Kräutern, feiner Schokolade, feinem Karamell … verwöhnen. Selbst gemachtes Eis zergeht auf der Zunge und hinterlässt im Gaumen keinen unangenehmen Geschmack.

Die kalten Köstlichkeiten – wenn Früchte mit im Spiel sind – werden ausnahmslos aus Saisonprodukten hergestellt. Der Aufwand ist klein, das Resultat überzeugend: Das selbst gemachte Eis kennt keine Konkurrenz.

CON

eisabc

a

Abricotine
Destillat aus Aprikosen.

Akazienblütenhonig
Geschmacksneutraler, flüssiger Honig. Hoher Fruchtzuckeranteil. Aufgrund des milden, relativ neutralen Geschmacks besonders gut geeignet für Fruchtsorbets (für Blütensorbets weniger geeignet), Eiscremes, Parfaits usw. Idealer Ersatz für weißen Zucker.

Armagnac
Edler Weinbrand aus Südwestfrankreich. Wird gleich wie Cognac hergestellt.

Aromastoffe
Natürliche Geschmacksgeber sind Früchte, Nüsse, Kräuter, Kakao, Karamell, Gewürze wie Ingwer, Zimt, Vanille.

c

Cognac
Aus Wein gewonnener, edler Weinbrand. Im Eichenfass gelagert und gereift. Der Name «Cognac» ist geschützt. Nur Weinbrand aus den Departementen Charente und Charente Maritime (F) darf diesen Namen tragen.

Cointreau
Likör auf Basis von Orangenschalen.

Couverture
Schokolade mit einem hohen Fettanteil und deshalb leichter zu verarbeiten. Erhältlich im Fachgeschäft, in Konditoreien und Bäckereien.

e

Eis, hart
Zu geringer Zuckeranteil.

Eis, weich
Zu großer Zuckeranteil.

Eisbombe
Eine oder mehrere Eiscremes werden in einer Halbkugel (Eisbombe) gefroren.

Eismaschine
Für ein cremiges, luftiges Eis ist eine Eis- oder Sorbetmaschine ein Muss. Ausnahmen sind Parfaits, Eissoufflés, geeiste Zabaiones, aus gefrorenem Fruchtmark hergestellte Sorbets/ Eiscremes.
Ein im Tiefkühler gefrorenes Eis wird bei guten Rohprodukten geschmacklich befriedigen, auf der Zunge sind jedoch die großen Eiskristalle störend.

Eismaschine (Kauf)
Bevor man ein Gerät kauft, sind die Bedürfnisse zu definieren:
1. Wird die Eismaschine häufig oder nur ab und zu gebraucht?
2. Volumen des Eisbehälters.
3. Platz im Tiefkühler: Kühlelement(e) müssen im Tiefkühler aufbewahrt werden können. Nur so kann man spontan eine Eiscreme zubereiten. Der für das Element benötigte Platz wird später für die Eiscreme benötigt.

Je nach Leistung der Eismaschine muss die Eiscreme im Tiefkühler noch nachgefroren werden, wenn man sie mit einer Eiszange/einem Eisportionierer oder einem Eislöffel portionieren will. Es gibt auch Eismaschinen, die ohne Kühlelemente arbeiten (wesentlich teurer), und Maschinen für Profis, die ein noch luftigeres Eis in kürzerer Zeit herstellen.

f

Flambieren
Parfaits oder Soufflés mit hochprozentigem Alkohol (Cointreau, Grand Marnier usw.) übergießen und anzünden.

Fruchtmark (aus gekochten Früchten)
Stein- und Kernobst je nach Rezept und Fruchtart schälen, entkernen oder entsteinen. Ohne Wasserzugabe (je nach Rezept mit oder ohne Zucker) weich garen. Früchte pürieren und durch ein Chromstahlsieb streichen.

Fruchtmark (aus frischen Früchten)
Erdbeeren, Heidelbeeren, Brombeeren, Himbeeren, Holunderbeeren, Stachelbeeren und Johannisbeeren pürieren und durch ein Chromstahlsieb streichen. Im Sieb bleiben Häutchen und Samen zurück. Roh verarbeiten lassen sich auch Melonen, Bananen, Kiwis, Birnen, Zitrusfrüchte und Passionsfrüchte.

Fruchtpüree/-sauce
Rohe und gekochte Früchte wie Fruchtmark zubereiten.

Früchte, eingemachte
Eingemachte Früchte (heiß einfüllen, sterilisieren) verlieren durch das Haltbarmachen und auch die Lagerung an Aroma. Darum: Früchte nicht zu lange lagern. – Für eine Eiscreme die Früchte gut abtropfen lassen. Verarbeitung: siehe Fruchtmark/Fruchtpüree aus rohen Früchten.

Früchte, frische
Irgendwelche Früchte haben immer Saison. Für Eis das saisonale Angebot nutzen: Eis aus reifen Saisonfrüchten hat mehr Aroma und ist preisgünstiger.

Früchte, gefrorene
Die Tiefkühlprodukte verlieren mit der Zeit an Aroma. Darum: gefrorene Früchte/Beeren nicht zu lange lagern. Für Eis Beeren am besten vor dem Gefrieren pürieren und durch ein Chromstahlsieb streichen. Das Fruchtmark gefroren pürieren; Zucker, Rahm/Sahne und Gewürze am Schluss mitpürieren. Sofort servieren (nicht mehr gefrieren).

g

Gefrierdauer
Die Gefrierdauer ist von der Temperatur der Zutaten abhängig; ideal ist, wenn sie aus dem Kühlschrank kommen. Auch die Zimmertemperatur spielt eine Rolle. Je höher die Raumtemperatur, desto länger der Gefrierprozess.

Gewürztraminer
Eine Traubenbeere mit viel Geschmack. Der Wein ist körperreich und hat ein unverwechselbares Aroma. Der Gewürztraminer ist ideal für Sorbets und warme Desserts.

Grand Marnier
Likör auf Basis eines Orangendestillats und von Cognac.

Granité
Ein körniges Wassereis aus Fruchtsaft oder einem anderen Getränk. Zählt zu den ältesten und einfachsten Eiskreationen. Ursprünglich wurde zerkleinertes Natureis (im Winter Schnee) mit Fruchtsaft übergossen. In der Karibik und im Orient bieten Eisverkäufer in den Straßen heute noch vom Block geschabtes Eis mit farbigem Sirup an. Das Eis kann auch grob zerkleinert und im Mixbecher/Cutter gehackt werden.

Granité au Champagne
Schüssel (am besten aus Chromstahl) mit Puderzucker bestäuben. Champagner 2 cm hoch einfüllen, im Tiefkühler gefrieren lassen. 2- bis 3-mal stündlich rühren. Champagnereis mit einem Löffel abschaben und in vorgekühlte hohe Gläser füllen. Mit wenig gekühltem Champagner übergießen.

h

Haltbarkeit
Das Eis in einer gut schließenden Tiefkühldose aufbewahren. Eine lange Tiefkühlzeit sollte vermieden werden, weil Eis aus natürlichen Zutaten und ohne Zusatzstoffe (siehe auch Zusatzstoffe) bei längerer Lagerung sein ausgeprägtes Aroma verliert. Durch den Feuchtigkeitsverlust (alle Tiefkühlprodukte sind davon betroffen) wird das Eis spröde.

Honig
Der Honig kann je nach Sorte einen mehr oder weniger ausgeprägten Eigengeschmack haben. Die «Toleranzgrenze» ist sehr individuell. Grundsätzlich gilt: Der geschmacksneutrale Akazienblütenhonig eignet sich mit Ausnahme der Blütensorbets (hier ist auch er noch zu dominant) für alle Eissorten. Für Eiscreme (mit Früchten und Aromastoffen) lohnt sich auch ein Versuch mit Blüten- und Waldhonig, um die persönlichen Vorlieben kennenzulernen.

k

Karamell
Weißen oder braunen Zucker in einem hoch erhitzbaren Topf (am besten im Gusseisentopf) flüssig und hellbraun werden lassen, mit der Flüssigkeit ablöschen, Karamell unter Rühren auflösen. Zu lang und zu hoch erhitzter Karamell schmeckt bitter.

Keimvermehrung
Vor allem Eis auf Milchprodukte- und Eierbasis ist ein guter Nährboden für die Keimvermehrung:
1. Das Geschirr muss absolut sauber sein.
2. Die erhitzten Zutaten im Eiswasser (Wasser mit Eiswürfeln) abkühlen und zur weiteren Kühlung zugedeckt in den Kühlschrank stellen.
3. Das Eis zum Lagern in eine gut schließende Tiefkühldose füllen und in den Kühlschrank oder Tiefkühler stellen.
4. Das Eis möglichst rasch essen.

Kühlaggregate (Eismaschine)
Die Kühlaggregate im Tiefkühler aufbewahren. Nur so kann man spontan ein Eis zubereiten.

m

Marc
Destillat aus vergorenem Traubentrester.

Marsala
Süßlicher Aperitif- und Dessertwein aus Sizilien (bis 18 % Alkohol).

Meringue
Eischnee-Schaumgebäck. Eischnee in einen Spritzbeutel mit Sterntülle füllen, die Masse auf ein mit Backpapier belegtes Blech spritzen oder mit einem Esslöffel große Tupfen auf das Papier setzen. Im Backofen bei 70–100 °C langsam trocknen lassen.

o

Omelette surprise
Biskuitboden (kann auch gekauft sein) auf eine feuerfeste Unterlage legen, mit Likör beträufeln. Fruchtsalat darauf verteilen. Eiscreme/Sorbet pyramidenförmig daraufgeben. Mit Eischnee bedecken, glatt streichen, garnieren. Im vorgeheizten Backofen auf Grillstufe kurz überbacken.

p

Parfait
Halbgefrorenes. Lässt sich auch ohne Eismaschine herstellen. Meist auf Eierbasis. Eigelb und Zucker werden zuerst warm (über dem heißen Wasserbad) und dann kalt (Wasser mit Eiswürfeln) aufgeschlagen. «Aromageber» können Kaffee, Schokolade, Beeren, Nüsse, Likör, Wein, Grüntee usw. sein.

Portwein/Porto
Aperitif- und Dessertwein aus Porto/Portugal. Während des Gärungsprozesses wird dem Portwein Zucker zugesetzt, mit dem Ziel, dass der natürliche Zucker nicht gänzlich in Alkohol umgewandelt wird. Deshalb ist der Portwein meist süßer als andere Weine, obwohl es auch hier trockene, halbtrockene und süße Sorten gibt.

q

Quark
Rahm-/Sahnequark, Halbfett- sowie Magerquark sind in allen Lebensmittelläden erhältlich. Reformhäuser, Bio- und Spezialläden bieten auch Frischquark aus Frischmilch an. Er hat eine sämige, feine Konsistenz und ein feines Aroma.

s

Sauberkeit
Bei Geräten und Küchenutensilien auf absolute Sauberkeit achten (Keimvermehrung). Deshalb Küchenutensilien vor Gebrauch heiß abspülen.

Sherry
Als Aperitif- und Dessertwein weltweit bekannter Weißwein aus Spanien (Andalusien). Die Stadt Jerez de la Frontera (alte Schreibweise: Xérès) gab ihm seinen Namen. Er kann trocken (Fino), süß und sehr süß (Golden und Cream) sein. Der Sherry ist ideal zum Parfümieren von Halbgefrorenem (Zabaione).

Sliwowitz
Destillat aus süßen Pflaumen.

Chromstahlspitzsieb
Zum Passieren (Durchdrücken) von Fruchtpürees, mit dem Ziel, Steinchen, Häutchen usw. vom Fruchtmus/-saft zu trennen. Zum Durchdrücken eignet sich ein Suppen- oder Saucenlöffel.

Soufflé
Für Soufflés eignet sich eine Parfaitmasse oder eine geeiste Zabaione. Portionenförmchen oder eine große Form vergrößern, indem man einen Papierstreifen umlegt. Ein Pergamentpapier in Streifen schneiden und diesen auf einer Seite mit weicher Butter bestreichen. Den Papierstreifen auf der inneren Seite der Form ankleben (die Butter dient als Klebstoff), und zwar so, dass er 3 bis 4 cm über den Rand der Form reicht. Soufflémasse bis fast an den oberen Papierrand einfüllen. Soufflé im Tiefkühler fest werden lassen. Gefrierdauer: 3 bis 4 Stunden. Papierstreifen vor dem Servieren entfernen. Fruchtsoufflés mit Puderzucker bestäuben, alle übrigen mit Schokoladenpulver.

Spoom
Sorbet mit Eischnee. Das schon fast gefrorene Sorbet mit leicht gesüßtem Eischnee vermischen. Spoom in Spritzbeutel füllen, in hohe Gläser spritzen.

t

Temperatur der Zutaten
Die Zutaten sollen die gleiche Temperatur haben (Kühlschrank). Erhitzte oder gekochte Zutaten zugedeckt bei Raumtemperatur auskühlen lassen, dann für etwa 2 Stunden in den Kühlschrank stellen (Fruchtpüree/Fruchtmark für kurze Zeit in den Tiefkühler stellen). Vorteile: Die Zutaten verbinden sich besser, das Eis wird feinporiger und der Gefrierprozess wird verkürzt.

W

Wald- und Wildbeeren
Wegen der Infektionsgefahr (Fuchsbandwurm) sollten die Beeren vor dem Pürieren unbedingt auf 70 °C erhitzt werden. Weitere Verarbeitung: siehe «Fruchtmark aus frischen Früchten».

Williams
Destillat aus der vergorenen Maische der Williamsbirne.

Z

Zabaione
Schaumcreme. Die Zabaione wird mit Champagner, Süßwein oder Likör parfümiert. Weitere Zutaten sind Eigelb und Zucker. Durch das Aufschlagen über dem heißen Wasserbad wird aus den drei Zutaten eine luftig-leichte Creme.

Zabaione, geeiste
Etwas dünnflüssiger als eine Parfaitmasse. Hoher Schmelzpunkt. Ideal zum Servieren in Gläsern oder zum Füllen von Puddingformen und Kunststoffbechern.

Zucker
Für Blütensorbets nur Kristallzucker, ansonsten Zucker oder Honig verwenden.

Zuckermenge
Der Zucker spielt im Eis eine wichtige Rolle. Zu viel Zucker macht das Eis zu weich, zu wenig Zucker zu hart. Das Eis soll süß, aber nicht zu süß sein. Eine Korrektur ist bei den «Begleitern» (Fruchtsauce, Fruchtmark, Früchte) möglich, die sparsam oder gar nicht gesüßt werden. Weniger Zucker braucht man, wenn ein Sorbet sofort serviert wird oder wenn das Eis Alkohol (Likör, Branntwein oder Schnaps) enthält. Alkohol macht das Eis weicher.

Zusatzstoffe
Ein selbst gemachtes Eis ist frei von Zusatzstoffen. Ein industriell hergestelltes Eis enthält Hilfsstoffe wie Aroma- und Geschmacksverstärker, Konsistenzverbesserer (damit das Eis cremig bleibt und auf der Zunge zergeht), Stabilisatoren, Emulgatoren, optische Verbesserer wie Farbstoffe usw.

rezepte

erdbeersorbet

500 g reife, aromatische Erdbeeren (4 dl/400 ml Fruchtmark)
1 Zitrone, Saft
100–120 g Zucker, je nach Süße der Beeren

1 Erdbeeren waschen, entstielen, je nach Größe klein schneiden. Beeren pürieren, Püree durch ein Chromstahlsieb streichen. Etwa einen Teelöffel Samen dem Püree wieder zufügen.

2 Erdbeerpüree, Zitronensaft und Zucker verrühren. Im Kühlschrank oder im Tiefkühler vorkühlen.

3 Sorbetmasse in die laufende Eismaschine gießen und gefrieren lassen. Gefrierzeit: 20 bis 25 Minuten.

himbeersorbet

500 g reife, aromatische Himbeeren (4 dl/400 ml Fruchtmark)
ein Schuss Himbeerlikör (für Kinder weglassen)
1 Zitrone, Saft
100–120 g Zucker, je nach Süße der Himbeeren

1 Himbeeren pürieren, Püree durch ein Chromstahlsieb streichen.

2 Himbeerpüree, Himbeerlikör, Zitronensaft und Zucker verrühren. Im Kühlschrank oder im Tiefkühler vorkühlen.

3 Sorbetmasse in die laufende Eismaschine gießen und gefrieren lassen. Gefrierzeit: 20 bis 25 Minuten.

Brombeersorbet Gleiche Zubereitung. 600 g Brombeeren nehmen. Himbeer- durch Brombeerlikör ersetzen.

Heidelbeer-/Blaubeersorbet Gleiche Zubereitung. 600 g Heidel-/Blaubeeren nehmen. Himbeer- durch Heidelbeerlikör ersetzen.

johannisbeersorbet

600 g reife, süße Johannisbeeren (4 dl/400 ml Fruchtmark)
150–170 g Zucker, je nach Süße der Johannisbeeren

1 Johannisbeerrispen waschen, Beeren ablesen/abstreifen. Beeren pürieren, Püree durch ein Chromstahlsieb streichen.

2 Johannisbeerpüree und Zucker verrühren. Im Kühlschrank oder im Tiefkühler vorkühlen.

3 Sorbetmasse in die laufende Eismaschine gießen und gefrieren lassen. Gefrierzeit: 20 bis 25 Minuten.

schlehdornbeerensorbet

ca. 600 g Schlehdornbeeren (2½ dl/250 ml Saft)
2½ dl/250 ml Wasser
150–200 g Zucker

1 Früchte waschen und in eine Schüssel geben, mit Wasser knapp bedecken. Über Nacht in den Kühlschrank stellen.

2 Einweichwasser weggießen. Beeren und Wasser (2½ dl/250 ml) aufkochen, 10 Minuten bei schwacher Hitze kochen. Topfinhalt durch ein Chromstahlsieb passieren, Früchte sanft ausdrücken, Beerensaft auffangen, Zucker unterrühren. Bei Zimmertemperatur auskühlen lassen. Zum Vorkühlen in den Kühlschrank oder in den Tiefkühler stellen.

3 Gekühlten Beerensaft in die laufende Eismaschine gießen und gefrieren lassen. Gefrierzeit: 20 bis 25 Minuten.

Schlehdornbeeren/Schlehen Werden auch Schwarzdorn, Sauerpflaume, Heckendorn, Hageldorn, Steckdorn genannt. Es handelt sich um eine kugelige, blauschwarz gefleckte, saftige Steinfrucht mit grünem Fruchtfleisch und einem großen Steinkern. Geerntet werden die Beeren nach den ersten Frostnächten im Herbst.

holunderbeer**sorbet**

Sorbet
2½ dl/250 ml Holunderbeersirup
½ dl/50 ml Holunderbeerlikör
1 dl/100 ml Wasser
½ Zitrone, Saft

Holunderbeersirup
ergibt ca. ¾ l Sirup
1½ kg Holunderbeerdolden (1 kg entstielte Beeren)
1 dl/100 ml Wasser
500 g Zucker

Holunderbeerlikör
ca. 1½ kg Holunderbeerdolden (1 kg entstielte Beeren)
150 g Zucker
9 dl/900 ml klarer Holunderschnaps (je Liter Fruchtsaft)

1 Für das Sorbet Holunderbeersirup, Holunderbeerlikör, Wasser und Zitronensaft verrühren. Im Kühlschrank oder im Tiefkühler vorkühlen.

2 Die Sorbetmasse in die laufende Eismaschine gießen und gefrieren lassen. Gefrierzeit: 20 bis 25 Minuten.

Sirup Holunderbeerdolden waschen, Beeren ablesen. Beeren und Wasser in einem großen Topf aufkochen, bei schwacher Hitze 20 Minuten kochen. Topfinhalt durch ein Chromstahlsieb oder ein feines Tuch passieren, Holunderbeeren leicht ausdrücken, Saft auffangen. Saft zusammen mit dem Zucker aufkochen, auskühlen lassen.

Likör Holunderbeerdolden waschen, Beeren ablesen. Beeren und Zucker in einem großen Topf aufkochen, etwa 1 Stunde stehen lassen. Topfinhalt durch ein Chromstahlsieb oder ein feines Tuch passieren, Holunderbeeren leicht ausdrücken, Sirup auffangen, auskühlen lassen. Mit dem klaren Holunderschnaps verrühren. In Flaschen abfüllen.

Holunderbeeren Dunkelviolette, kugelige Beeren. Schmecken herb und süßsäuerlich. Erntezeit ist August und September.

stachelbeersorbet

600–700 g gut reife Stachelbeeren (4 dl/400 ml Fruchtmark)
150 g Zucker

1 Stachelbeeren pürieren, Püree durch ein Chromstahlsieb streichen.

2 Stachelbeerpüree und Zucker verrühren. Im Kühlschrank oder im Tiefkühler vorkühlen.

3 Die Sorbetmasse in die laufende Eismaschine gießen und gefrieren lassen. Gefrierzeit: 20 bis 25 Minuten.

orangensaftlutscher

(Orangensaft)
für 6 Lutscher

6 dl/600 ml frisch gepresster Orangensaft
Zucker, nach Belieben

1 Orangensaft und Zucker verrühren. Im Kühlschrank oder im Tiefkühler vorkühlen.

2 Orangensaft in die Lutscherförmchen mit Stiel gießen. Im Tiefkühler fest werden lassen.

Variante Fruchtsaft in die laufende Eismaschine gießen und gefrieren lassen. Gefrierzeit: 25 bis 30 Minuten.

orangensorbet

(Orangenfruchtfleisch)

600 g saftige Blut- oder Blondorangen oder
400 g Orangenfilets
150 g Zucker

1 Orangen mit einem Messer großzügig schälen. Fruchtfilets aus den Trennhäutchen lösen, Kerne entfernen. Fruchtfleisch im Mixerglas zerkleinern, Zucker unterrühren. Fruchtmasse im Kühlschrank oder im Tiefkühler vorkühlen.

2 Orangenpüree in die laufende Eismaschine gießen und gefrieren lassen. Gefrierzeit: 20 bis 25 Minuten.

kirschsorbet

4 dl/400 ml Wasser
200 g Zucker
150–200 g reife Kirschen (100 g entsteinte, gehackte Kirschen)
einige Spritzer Kirsch

1 Wasser und Zucker aufkochen. Abkühlen lassen.

2 Gehackte Kirschen zum Zuckersirup geben, mit Kirsch abschmecken. Im Kühlschrank oder im Tiefkühler vorkühlen.

3 Fruchtmasse in die laufende Eismaschine gießen und gefrieren lassen. Gefrierzeit: 20 bis 25 Minuten.

orangensaftlutscher

birnen**sorbet**

birnensorbet

400 g gut reife, süße Birnen, z. B. Williams
½ Zitrone, Saft
1 dl/100 ml Wasser
150 g Zucker
einige Spritzer Williamsschnaps, nach Belieben

1 Wasser und Zucker aufkochen, abkühlen lassen.

2 Birnen schälen, vierteln, entkernen, Fruchtviertel klein schneiden, sofort mit Zitronensaft und Zuckerwasser pürieren. Birnenschnaps unterrühren. Birnenpüree im Kühlschrank oder im Tiefkühler vorkühlen.

3 Birnenmasse in die laufende Eismaschine gießen und gefrieren lassen. Gefrierzeit: 20 bis 25 Minuten.

Serviervorschlag Festen, reifen Birnen einen Deckel abschneiden, mit Kugelausstecher aushöhlen. Birnensorbet in einen Spritzbeutel mit Sterntülle füllen, in die Birnen spritzen.

mirabellensorbet

400 g gut reife Mirabellen
1½ dl/150 ml Wasser
½ Zitrone, Saft
150 g Zucker
einige Spritzer Mirabellenschnaps, nach Belieben

1 Mirabellen waschen, halbieren und entsteinen.

2 Mirabellen, Wasser, Zitronensaft und Zucker aufkochen, Früchte bei schwacher Hitze weich garen. Pürieren und durch ein Chromstahlsieb streichen. Auskühlen lassen, im Kühlschrank oder Tiefkühler vorkühlen. Mirabellenschnaps unterrühren.

3 Mirabellenpüree in die laufende Eismaschine gießen und gefrieren lassen. Gefrierzeit: 20 bis 25 Minuten.

aprikosen**sorbet**

aprikosensorbet

400 g sonnengereifte, süße Aprikosen
1½ dl/150 ml Wasser
½ Zitrone, Saft
½ Vanilleschote, aufgeschnitten
150 g Zucker
einige Spritzer Abricotine (Aprikosenschnaps), nach Belieben

1 Aprikosen waschen, halbieren, entsteinen, Fruchthälften klein schneiden.

2 Aprikosen, Wasser, Zitronensaft, abgestreiftes Vanillemark und Zucker aufkochen, Früchte bei schwacher Hitze weich garen. Topfinhalt pürieren, durch ein Chromstahlsieb streichen. Aprikosenpüree bei Zimmertemperatur auskühlen lassen, im Kühlschrank oder im Tiefkühler vorkühlen. Aprikosenschnaps unterrühren.

3 Fruchtmasse in die laufende Eismaschine gießen, gefrieren lassen. Gefrierzeit: 20 bis 25 Minuten.

Zwetschgensorbet Gleiche Zubereitung. Abricotine durch Pflaumenwasser oder Sliwowitz ersetzen.

Serviervorschlag Aprikosen- und Zwetschgensorbet zwischen Waffeln, Seiten 82-85, servieren. Mit Blütenblättern garnieren.

pfirsichsorbet

400 g gut reife gelbe oder weiße Pfirsiche
1½ dl/150 ml Wasser
½ Vanilleschote, aufgeschnitten
½ Zitrone, Saft
100–150 g Zucker, je nach Süße der Früchte

1 Pfirsiche waschen, halbieren und entsteinen, Fruchthälften klein schneiden.

2 Pfirsiche, Wasser, Zitronensaft, abgestreiftes Vanillemark und Zucker aufkochen, Früchte bei schwacher Hitze weich garen. Topfinhalt pürieren, durch ein Chromstahlsieb streichen. Fruchtpüree bei Zimmertemperatur auskühlen lassen, im Kühlschrank oder im Tiefkühler vorkühlen.

3 Fruchtmasse in die laufende Eismaschine gießen, gefrieren lassen. Gefrierzeit: 20 bis 25 Minuten.

duftgeraniensorbet

4 dl/400 ml Wasser
150 g Zucker
1 Handvoll frische Zitronen-Duftgeranien-blütenblätter
½ Zitrone, Saft

1 Wasser und Zucker aufkochen, auskühlen lassen. Abgezupfte Duftgeranienblütenblätter zum Zuckerwasser geben. Einen Tag lang zugedeckt stehen lassen. Blüten-Zuckerwasser durch ein Chromstahlsieb passieren, Blätter gut ausdrücken. Zitronensaft zugeben.

2 Blüten-Zuckerwasser im Kühlschrank oder Tiefkühler vorkühlen.

3 Gekühlte Flüssigkeit in die laufende Eismaschine gießen und gefrieren lassen. Gefrierzeit: 25 bis 30 Minuten.

Serviervorschlag Mit pochierten Pfirsichschnitzen servieren.

lindenblütensorbet

4 dl/400 ml Wasser
150 g Zucker
1 Handvoll getrocknete Lindenblüten
½ Zitrone, Saft

1 Wasser und Zucker aufkochen, Lindenblüten zugeben. Zugedeckt 10 Minuten ziehen lassen. Lindenblütentee durch ein Chromstahlsieb passieren, abkühlen lassen. Zitronensaft zugeben.

2 Lindenblütentee im Kühlschrank oder Tiefkühler vorkühlen.

3 Lindenblütentee in die laufende Eismaschine gießen und gefrieren lassen. Gefrierzeit: 25 bis 30 Minuten.

Eisenkrautsorbet (Verveine) Gleiche Zubereitung, jedoch ohne Zitronensaft.

duftgeraniensorbet

rosenblütensorbet

2½ dl/250 ml Weißwein (Riesling x Sylvaner)
1 dl/100 ml Wasser
1 Zitrone, Saft
50 g Zucker
50 g Traubenzucker
einige geöffnete, ungespritzte Duftrosenblüten (40 g Blätter)

1 Rosenblüten an einem sonnigen Morgen pflücken. Blütenblätter vom Stängel trennen, indem man alle Blütenblätter aufs Mal abdreht, den hellen Blattansatz (er ist bitter) mit einer sauberen Schere in einem Arbeitsgang abschneiden. Blätter auf Ungeziefer kontrollieren und bei Bedarf mit einem Pinsel säubern (Insekten).

2 Weißwein, Wasser, Zitronensaft, Zucker und Traubenzucker verrühren. Rosenblütenblätter zufügen. Zugedeckt einen Tag stehen lassen.

3 Rosenblütenflüssigkeit durch ein feines Tuch oder ein Chromstahlsieb passieren, Blütenblätter gut ausdrücken. Im Kühlschrank oder im Tiefkühler vorkühlen.

4 Gekühlte Flüssigkeit in die laufende Eismaschine gießen, gefrieren lassen. Gefrierzeit: 25 bis 30 Minuten.

Rosenblüten Blütezeit ist von Juni bis September. Die Blüten können rosa, hellrosa bis weiß sein.

frühlingsblumensorbet

4 dl/400 ml Wasser
150 g Zucker
je 1 Handvoll Waldmeister- und Schlüsselblumenblüten
10 Wildrosenblütenblätter (siehe Rosenblütensorbet)
Löwenzahnblume, abgezupfte Blütenblätter
½ Zitrone, Saft

1 Wasser und Zucker aufkochen, abkühlen lassen.

2 Blüten und Blütenblätter in eine Schüssel geben, Zuckerwasser und Zitronensaft zugeben. Einen Tag zugedeckt stehen lassen.

3 Frühlingsblumenflüssigkeit durch ein Chromstahlsieb passieren. Im Kühlschrank oder im Tiefkühler vorkühlen.

4 Gekühlte Flüssigkeit in die laufende Eismaschine gießen, gefrieren lassen. Gefrierzeit: 25 bis 30 Minuten.

holunder**blütensorbet**

Sorbet
3 3/4 dl/375 ml Holunderblütensekt
1 3/4 dl/175 ml Holunderblütensirup
1/2 dl/50 ml Zitronensaft

Holunderblütensirup
1/2 l Wasser
750 g Zucker
1/2 Zitrone, in feinen Scheiben
80 g Holunderblüten, bei Sonnenschein gepflückt

1 Für das Sorbet alle Zutaten verrühren. Im Kühlschrank oder Tiefkühler vorkühlen.

2 Die gekühlte Flüssigkeit in die laufende Eismaschine gießen und gefrieren lassen. Gefrierzeit: 25 bis 30 Minuten.

Holunderblütensirup Wasser, Zucker und Zitronen aufkochen. Flüssigkeit über die Holunderblüten gießen, in den Topf zurückgießen, abermals aufkochen. Topfinhalt durch ein feines Tuch oder ein Chromstahlsieb passieren, gut ausdrücken. Sirup in Flaschen abfüllen.

Holunder Blütezeit des Holunders ist im Juni. Die gelblich weißen Blüten versprühen einen intensiven aromatischen Duft.

minzesorbet

4 dl/400 ml Wasser
150 g Zucker
reichlich frische Minzeblätter
1/2 Zitrone, Saft

1 Das Wasser mit dem Zucker aufkochen, erkalten lassen. So viel Minzeblätter in die Flüssigkeit geben, dass diese mit dem Zuckersirup knapp bedeckt sind. Einen Tag zugedeckt stehen lassen. Flüssigkeit durch ein Chromstahlsieb passieren, Blätter ausdrücken. Zitronensaft unter den Minzetee rühren.

2 Minzetee im Kühlschrank oder Tiefkühler vorkühlen.

3 Minzetee in die laufende Eismaschine gießen und gefrieren lassen. Gefrierzeit: 25 bis 30 Minuten.

Variante Für ein Zitronenmelissesorbet die Minzeblätter durch reichlich frische Zitronenmelisseblätter ersetzen.

eiskaffeegranité

8 dl/800 ml
kräftiger Kaffee (Espresso)
80 g Zucker
3 EL Cognac

1 Zucker unter den heißen Kaffee rühren, auskühlen lassen. Cognac unterrühren. Kaffee im Kühlschrank oder Tiefkühler vorkühlen.

2 Kaffee in die laufende Eismaschine gießen und gefrieren lassen. Sorbetmasse in eine flache Tiefkühldose füllen, im Tiefkühler fest werden lassen.

3 Das Kaffeeeis von Hand zerstoßen oder im Cutter/Mixerglas grob hacken. Granité in Gläsern oder Schalen anrichten.

sorbet au marc

3½ dl/350 ml Wasser
100 g Zucker
½ Zitrone, Saft
1½ dl/150 ml Marc

1 Wasser und Zucker aufkochen. Abkühlen lassen. Zitronensaft und Marc unterrühren. Marc-Flüssigkeit im Kühlschrank oder Tiefkühler vorkühlen.

2 Gekühlte Marc-Flüssigkeit in die laufende Eismaschine gießen und gefrieren lassen. Gefrierzeit: 25 bis 30 Minuten.

Variante Marc durch Grappa ersetzen.

eiskaffeegranité

melonen**granité**

1 kg Wassermelonen
(800 g Fruchtfleisch)
1 EL Grenadinesirup
2 EL Zucker

1 Wassermelone entkernen, Fruchtfleisch klein schneiden. Fruchtfleisch, Sirup und Zucker fein pürieren, durch ein Chromstahlsieb streichen, Rückstände gut ausdrücken.

2 Wassermelonensaft in die laufende Eismaschine gießen, gefrieren lassen. Gefrierzeit: 20 bis 25 Minuten. In eine flache Tiefkühldose füllen, im Tiefkühler fest werden lassen.

3 Melonensorbet von Hand zerstoßen oder im Cutter/Mixerglas grob hacken. In Gläsern oder Schalen anrichten.

rosé-champagner**sorbet**

1 dl/100 ml Wasser
120 g Zucker
3 dl/300 ml Rosé-Champagner
½ Zitrone, Saft

1 Wasser und Zucker aufkochen. Abkühlen lassen. Rosé-Champagner und Zitronensaft zugeben. Champagner im Kühlschrank oder Tiefkühler vorkühlen.

2 Gekühlte Flüssigkeit in die laufende Eismaschine gießen, gefrieren lassen. Gefrierzeit: 25 bis 30 Minuten.

Variante Champagner durch Gewürztraminer ersetzen.

melonengranité

vanilleeis grundrezept

3 dl/300 ml Milch
1 dl/100 ml Rahm/Sahne
100 g Zucker
1 Vanilleschote, aufgeschnitten

1 Milch, Rahm, Zucker und Vanilleschote unter Rühren erhitzen, nicht kochen. Creme im Eiswasser (Wasser mit Eiswürfeln) unter zeitweiligem Rühren abkühlen lassen, im Kühlschrank oder Tiefkühler vorkühlen. Ab und zu rühren. Vanillemark abstreifen, zur Creme geben.

2 Gekühlte Creme in die laufende Eismaschine gießen, gefrieren lassen. Gefrierzeit: 20 bis 25 Minuten.

Variante Milch durch Kokosmilch ersetzen.

stracciatellaeis

100 g weiße Schokolade
2 dl/200 ml Rahm/Sahne
200 g Naturjoghurt
50 g Zucker
50 g Zartbitter-Schokoraspel

1 Schokolade in grobe Stücke brechen, mit dem Rahm unter Rühren erhitzen, bis die Schokolade geschmolzen ist. Bei Zimmertemperatur abkühlen lassen, zum Durchkühlen in den Kühlschrank stellen.

2 Joghurt, Zucker und Schokoraspel unter den Schokorahm rühren.

3 Die Schokocreme in die laufende Eismaschine gießen, gefrieren lassen. Gefrierzeit: 20 Minuten.

stracciatellaeis

schokoeis

waldhonigeis

3 dl/300 ml Milch
1 dl/100 ml gekühlter Rahm/Sahne
100 g Waldhonig
1 Vanilleschote, aufgeschnitten

1 Milch, Rahm, Honig und Vanilleschote unter Rühren erhitzen, nicht kochen. Die Creme im Eiswasser (Wasser mit Eiswürfeln) unter zeitweiligem Rühren abkühlen lassen. Im Kühlschrank oder Tiefkühler vorkühlen. Ab und zu rühren. Vanillemark abstreifen, unter die Creme rühren.

2 Gekühlte Creme in die laufende Eismaschine gießen, gefrieren lassen. Gefrierzeit: 20 bis 25 Minuten.

schokoeis

250 g helle Couverture, grob gehackt
½ l Milch
100 g Zucker
1 dl/100 ml gekühlter Rahm/Sahne

1 Milch und Zucker aufkochen. Kochtopf von der Wärmequelle nehmen. Couverture zufügen, unter Rühren schmelzen. Creme unter häufigem Rühren lauwarm abkühlen lassen. Rahm unter die Schokoladencreme rühren.

2 Schokoladencreme in die laufende Eismaschine gießen, gefrieren lassen. Gefrierzeit: 30 bis 35 Minuten.

Tipp Zwei Haselnussmakronen, Seite 87, mit einer Kugel Schokoladeneis füllen.

erdbeerjoghurteis

für ca. 30 Würfel

500 g Erdbeeren
200 g Naturjoghurt
100 g Zucker
1 EL Limettensaft

Erdbeeren
für die Garnitur

1 Erdbeeren waschen, enstielen, klein schneiden, mit Joghurt, Zucker und Limettensaft fein pürieren.

2 Erdbeermasse in Eiswürfelformen oder in eine flache Form füllen. Im Tiefkühler fest werden lassen.

3 Eiswürfel aus der Form drücken und im Kühlschrank 10 Minuten antauen lassen. Oder das Erdbeereis in der flachen Form im Kühlschrank 10 Minuten antauen lassen, in Würfel portionieren. Garnieren.

rhabarberjoghurteis

350 g Erdbeerrhabarber
(roter Rhabarber)
75 g Erdbeeren
150 g Zucker
$1\frac{1}{4}$ dl/125 ml Wasser
125 g Naturjoghurt

1 Rhabarber ungeschält grob würfeln. Erdbeeren entstielen und klein schneiden.

2 Rhabarber, Erdbeeren, Zucker und Wasser aufkochen, Früchte bei schwacher Hitze zerfallen lassen. Pürieren. Durch ein Chromstahlsieb streichen. Auskühlen lassen.

3 Joghurt unter das Fruchtpüree rühren, im Kühlschrank oder im Tiefkühler vorkühlen.

4 Gekühltes Püree in die laufende Eismaschine gießen, gefrieren lassen. Gefrierzeit: 25 bis 30 Minuten.

erdbeerjoghurteis

heidelbeer**pinguin**

heidelbeer**pinguin**

für 4 Pinguinformen von 2 dl/200 ml Inhalt

300 g Heidelbeeren/Blaubeeren
400 g Naturjoghurt
7 EL Zucker
1 Eiweiß von einem Freilandei
2 dl/200 ml Rahm/Sahne
100 g Heidelbeeren/Blaubeeren

1 300 g Heidelbeeren fein pürieren, durch ein Chromstahlsieb streichen. Heidelbeerpüree, Joghurt und 6 EL Zucker verrühren.

2 Eiweiß zu Schnee schlagen, restlichen Zucker (1 EL) einrieseln lassen, weiterschlagen, bis die Masse glänzt.

3 Zuerst den Eischnee und den Rahm, dann ganze Heidelbeeren unter die Masse rühren. In die Pinguinformen füllen. Im Tiefkühler fest werden lassen.

Tipp Pinguine etwa 15 Minuten vor dem Servieren aus der Form nehmen und im Kühlschrank antauen lassen; so können sie ihr Aroma voll entfalten.

heidelbeer**eis**

400 g reife Heidelbeeren/Blaubeeren (3 dl/300 ml Püree)
100 g Zucker
1 dl/100 ml gekühlter Rahm/Sahne
100 g Zucker

1 Heidelbeeren pürieren, Püree durch ein Chromstahlsieb streichen.

2 Heidelbeerpüree und Zucker verrühren. Im Kühlschrank oder Tiefkühler vorkühlen. Rahm unterrühren. Beerencreme in die laufende Eismaschine gießen, gefrieren lassen. Gefrierzeit: 25 bis 30 Minuten.

mandarinen**fisch**

1 Mandarinen schälen, Fruchtfilets aus den Trennhäutchen lösen und entkernen. Mandarinen, Sauermilch und 6 Esslöffel Zucker fein pürieren.

2 Das Eiweiß steif schlagen, restlichen Zucker (1 EL) einrieseln lassen, weiterschlagen, bis die Masse glänzt.

3 Mandarinenfilets (150 g) aus den Trennhäutchen lösen und entkernen, Fruchtfilets klein schneiden.

4 Zuerst Eischnee und Rahm, dann Mandarinenstückchen unter die Mandarinenmasse rühren. In die Fischförmchen füllen. Im Tiefkühler fest werden lassen.

Tipp Die Fische etwa 15 Minuten vor dem Servieren aus der Form nehmen und im Kühlschrank antauen lassen, damit sie ihr Aroma voll entfalten können.

für 4 Fischformen von 2 dl/200 ml Inhalt

500 g Mandarinen (300 g Fruchtfilets)
400 g Sauermilch
7 EL Zucker
1 Eiweiß von einem Freilandei
2 dl/200 ml Rahm/Sahne
150 g Mandarinenfilets

erdbeer**eis**

1 Erdbeeren waschen, entstielen, je nach Größe klein schneiden. Beeren pürieren, Püree durch ein Chromstahlsieb streichen. Einen Teelöffel der Samen dem Püree wieder zufügen.

2 Fruchtpüree und Zucker verrühren. Im Kühlschrank oder Tiefkühler vorkühlen. Rahm unterrühren. Erdbeercreme in die laufende Eismaschine gießen, gefrieren lassen. Gefrierzeit: 25 bis 30 Minuten.

400 g reife, aromatische Erdbeeren (3 dl/300 ml Püree)
1 dl/100 ml gekühlter Rahm/Sahne
80–100 g Zucker

mandarinenfisch

himbeer-joghurtcake

himbeerjoghurtcake

für eine Form von 20 cm Länge

400 g Naturjoghurt
300 g Himbeermark, Seite 11
80 g Zucker
1 Eiweiß von einem Freilandei
1 EL Zucker
2 dl/200 ml Rahm/Sahne
250 g Himbeeren

1 Joghurt, Himbeermark und Zucker verrühren.

2 Eiweiß steif schlagen, Zucker (1 EL) einrieseln lassen, kurz weiterschlagen.

3 Eischnee, Rahm und ganze Himbeeren unter die Himbeermasse rühren, in die Form füllen. Cake im Tiefkühler fest werden lassen.

4 Zum Stürzen die Form kurz in heißes Wasser tauchen, Cake aus der Form stürzen, in 2 cm dicke Scheiben schneiden.

karamelljoghurteis

250 g Zucker
2–3 EL Wasser
1¼ dl/125 ml Milch oder Wasser
500 g Naturjoghurt

1 Den Zucker am besten in einem Gusseisentopf oder in einem anderen hoch erhitzbaren Kochtopf karamellisieren. Sobald der Zucker flüssig und von hellbrauner Farbe ist, zuerst das Wasser, dann die Milch zufügen, kochen lassen, bis sich der Karamell vollständig aufgelöst hat.

2 Den Karamell im Eiswasser (Wasser mit Eiswürfeln) unter häufigem Rühren auskühlen lassen. Den Joghurt unterrühren.

3 Die Karamellmasse im Kühlschrank vorkühlen.

4 Die gekühlte Creme in die laufende Eismaschine gießen und gefrieren lassen. Gefrierzeit: 25 bis 30 Minuten.

schokoeislutscher

für 12 Lutscher

4 dl/400 ml Milch
250 g Milchschokolade
2½ dl/250 ml gekühlter Halbrahm/Sahne

12 Holzstäbchen (Apotheke)

1 Milch erhitzen. Den Kochtopf von der Wärmequelle nehmen, Milchschokolade grob hacken und zufügen, unter Rühren schmelzen. Abkühlen lassen. Den Rahm unterrühren.

2 Die Schokoladenmasse in die Förmchen füllen, je ein Holzstäbchen hineinstecken, im Tiefkühler fest werden lassen.

fruchtquarkeis

3½ dl/350 ml Fruchtmark, Seite 11
200 g Zucker
1 Zitrone, Saft
250 g Rahm-/Sahnequark

1 Fruchtmark, Zucker, Zitronensaft und Quark gut verrühren. Im Kühlschrank vorkühlen.

2 Die Quarkmasse in die laufende Eismaschine geben und gefrieren lassen. Gefrierzeit: 25 bis 30 Minuten.

vanillequarkeis

200 g Zucker
3½ dl/350 ml Milch
1 Vanilleschote
250 g Rahm-/Sahnequark

1 Zucker, Milch und aufgeschnittene Vanilleschote erhitzen. Vanillemilch im Eiswasser (Wasser mit Eiswürfeln) unter häufigem Rühren abkühlen lassen. Vanillemark abstreifen und zur Milch geben. Quark unterrühren.

2 Vanillequark in die laufende Eismaschine geben, gefrieren lassen. Gefrierzeit: 30 Minuten.

schokoeislutscher

himbeer-joghurtlutscher

himbeer-/brombeer**eis**

500 g reife, aromatische Himbeeren/Brombeeren (3 dl/300 ml Püree)
100 g Zucker
1 dl/100 ml gekühlter Rahm/Sahne

1 Himbeeren/Brombeeren pürieren, Püree durch ein Chromstahlsieb streichen.

2 Himbeer-/Brombeerpüree und Zucker verrühren. Im Kühlschrank oder Tiefkühler vorkühlen. Rahm unterrühren. Beerencreme in die laufende Eismaschine gießen und gefrieren lassen. Gefrierzeit: 25 bis 30 Minuten.

himbeerjoghurt**lutscher**

für 8 Lutscher

250 g Himbeeren
100 g Puderzucker
1 Freilandei
400 g Naturjoghurt

8 Holzstäbchen (Apotheke)

1 Die Hälfte der Himbeeren und 3 EL Puderzucker fein pürieren, durch ein Chromstahlsieb streichen.

2 Ei und restlichen Puderzucker luftig aufschlagen, unter den Joghurt rühren.

3 Restliche Himbeeren und drei Viertel der Joghurtmasse mischen, in die Förmchen gießen, ein Holzstäbchen hineinstecken. 30 Minuten in den Tiefkühler stellen. Zwei Drittel des Himbeerpürees auf die Förmchen verteilen, 30 Minuten in den Tiefkühler stellen. Restliche Joghurtmasse mit dem restlichen Himbeerpüree verrühren, auf die Förmchen verteilen, im Tiefkühler fest werden lassen.

minzeeis

3 Eigelbe von Freilandeiern
100 g Zucker
2½ dl/250 ml Milch
4 EL Minzelikör
3 dl/300 ml Rahm/Sahne oder Crème double

150 g After Eights, grob gehackt
Minze für die Garnitur

1 Eigelbe und Zucker zu einer dickflüssigen Creme aufschlagen.

2 Milch erhitzen, unter Rühren zur Eigelbmasse geben. Die Creme in den Topf zurückgießen und unter ständigem Rühren bei schwacher Hitze kochen, bis sie bindet. Minzelikör unterrühren.

3 Minzecreme im Eiswasser (Wasser mit Eiswürfeln) unter häufigem Rühren abkühlen lassen. Im Kühlschrank vorkühlen. Häufig rühren, damit sich keine Haut bilden kann.

4 Rahm unter die Minzecreme rühren. Creme in die laufende Eismaschine gießen, gefrieren lassen. Gefrierzeit: 25 bis 30 Minuten. After Eights mit dem Minzeeis mischen.

Tipp Die Eiskugeln in Waffelcornets anrichten, mit Minzeblättchen garnieren.

vanilleeis

3 Eigelbe von Freilandeiern
100 g Zucker
2½ dl/250 ml Milch
1 Vanilleschote, aufgeschnitten
3 dl/300 ml Rahm/Sahne oder Crème double

1 Eigelbe und Zucker zu einer dickflüssigen Creme schlagen.

2 Milch, abgestreiftes Vanillemark und aufgeschnittene Vanilleschote erhitzen, Vanilleschote entfernen. Vanillemilch unter Rühren zur Eigelbmasse geben. In den Topf zurückgießen, unter Rühren bei schwacher Hitze kochen, bis die Creme bindet.

3 Vanillecreme im Eiswasser (Wasser mit Eiswürfeln) unter Rühren abkühlen lassen. Zum Vorkühlen in den Kühlschrank stellen. Öfter rühren, damit sich keine Haut bilden kann. Rahm unterrühren, in die laufende Eismaschine gießen, gefrieren lassen. Gefrierzeit: 25 bis 30 Minuten.

Variante Vanillemark durch 1 EL Mohnsamen ersetzen, mit der Milch erhitzen.

minzeeis

mandeleis

mandeleis

½ l Milch
50 g geschälte, frisch geriebene Mandeln
5 Eigelbe von Freilandeiern
100 g Zucker
2–3 Tropfen Bittermandelaroma

trocken geröstete Mandelblättchen

1 Milch erhitzen, Mandeln zufügen, auf der ausgeschalteten Wärmequelle 10 Minuten ziehen lassen.

2 Eigelbe, Zucker und Bittermandelaroma zu einer dickflüssigen Creme aufschlagen. Milch unterrühren. Creme in den Kochtopf gießen, bei schwacher Hitze unter Rühren kochen, bis sie bindet.

3 Mandelcreme im Eiswasser (Wasser mit Eiswürfeln) unter Rühren abkühlen lassen. Im Kühlschrank vorkühlen, häufig rühren, damit sich keine Haut bilden kann. Mandelcreme in die laufende Eismaschine gießen. Gefrierzeit: 25 bis 30 Minuten.

4 Mandeleis portionieren, in den gerösteten Mandelblättchen wenden, nach Belieben in Waffelcornets anrichten.

nusseis

½ l Milch
150 g erntefrische Baumnüsse/Walnüsse mit Schale
(50 g gehackte Nüsse)
5 Eigelbe von Freilandeiern
100 g Zucker

1 Milch erhitzen, gehackte Nüsse zufügen. Auf der ausgeschalteten Wärmequelle 10 Minuten ziehen lassen.

2 Eigelbe und Zucker zu einer dickflüssigen Creme aufschlagen. Milch zufügen. Creme in den Kochtopf gießen, bei schwacher Hitze unter ständigem Rühren kochen, bis die Creme bindet.

3 Nusscreme im Eiswasser (Wasser mit Eiswürfeln) unter Rühren abkühlen lassen. Im Kühlschrank vorkühlen, öfter rühren, damit sich keine Haut bilden kann. Nusscreme in die laufende Eismaschine gießen. Gefrierzeit: 25 bis 30 Minuten.

Variante Es können auch getrocknete Baumnüsse/Walnüsse oder Haselnüsse verwendet werden. Nüsse eventuell zuerst trocken rösten; sie werden dadurch aromatischer. Dann fein hacken.

pistazien**parfait**

160 g grüne Pistazien
80 g Zucker
2 dl/200 ml Milch
2 Eigelbe von Freilandeiern
2 Eiweiß
1 Msp Zucker
1 Prise Salz
4 dl/400 ml Rahm/Sahne

1 140 g Pistazien mit dem Zucker im Cutter sehr fein hacken.

2 Pistazien und Milch aufkochen, in eine Schüssel umgießen, Eigelbe unterrühren, unter zeitweiligem Rühren abkühlen lassen.

3 Eiweiß, Zucker und Salz zu Schnee schlagen.

4 Den Rahm steif schlagen.

5 Eischnee und Schlagrahm abwechselnd unter die Pistazienmasse rühren. In eine Tiefkühldose füllen. Gefrierzeit: 4 bis 5 Stunden.

6 Das Parfait portionieren. Nach Belieben in Schoko- oder Biskuitförmchen anrichten, restliche Pistazien darüberstreuen.

beereneistorte

für eine runde Schüssel mit geradem Rand (Glas oder Porzellan) von 20 cm Durchmesser

4 Eigelbe von Freilandeiern
130 g Zucker
½ dl/50 ml Wasser
1½ dl/150 ml Himbeermark, Seite 11
1½ dl/150 ml Brombeermark, Seite 11
3 dl/300 ml Rahm/Sahne
4 Eiweiß, 1 Prise Salz
20 g Zucker

1 Eigelbe und Zucker in einer Schüssel über dem heißen Wasserbad zu einer dickflüssigen Creme aufschlagen. Die Schüssel in kaltes Wasser (Wasser mit Eiswürfeln) stellen und die Creme kalt schlagen.

2 Rahm steif schlagen und unter die Eigelbmasse ziehen.

3 Eiweiß mit Prise Salz und Zucker zu Schnee schlagen, unter die Eigelbmasse ziehen. In 3 Portionen teilen. Je eine Portion mit dem Himbeer- und Brombeermark mischen.

4 Die 3 Parfaitmassen nacheinander in die Schüssel füllen. Im Tiefkühler fest werden lassen. Gefrierzeit: 3 bis 4 Stunden.

Anrichten Schüssel kurz in heißes Wasser tauchen. Rand mit einem Messer lösen. Eistorte stürzen. Nach Belieben mit Schlagrahm und Früchten garnieren.

pistazienparfait

parfait au grand marnier

parfait au grand marnier

4 Eigelbe von Freilandeiern
100 g Zucker
½ dl/50 ml Milch
3 EL Grand Marnier
4 dl/400 ml Rahm/Sahne
4 Eiweiß
1 Prise Salz
25 g Zucker

1 Eigelbe, Zucker und Milch in einer Schüssel über dem heißen Wasserbad zu einer dickflüssigen Creme aufschlagen. Schüssel in ein kaltes Wasserbad (Wasser mit Eiswürfeln) stellen, Eigelbmasse kalt schlagen. Grand Marnier unterrühren.

2 Rahm steif schlagen und unter die Eigelbcreme ziehen.

3 Eiweiß, Salz und Zucker zu Schnee schlagen, den Eischnee unter die Creme ziehen.

4 Parfaitmasse in Portionenförmchen oder in eine Tiefkühldose füllen. Im Tiefkühler fest werden lassen. Gefrierzeit: 4 bis 5 Stunden.

Varianten Für ein Lebkuchenparfait anstelle von Grand Marnier ¾ EL Lebkuchengewürz, ½ EL Zimtpulver und 2 EL Rum nehmen. Für ein Zimtparfait den Grand Marnier durch 1¼ EL Zimtpulver und 2 EL Rum ersetzen. Für ein Parfait à la Williamine Grand Marnier durch 3 EL Williams (Birnenschnaps) ersetzen.

Parfait als Soufflé zubereiten Siehe Eis-Abc, Seite 14

grünteeparfait

4 Eigelbe
von Freilandeiern
125 g Zucker
2½ dl/250 ml Milch
2 TL japanisches
Grünteepulver
2 EL Sake (japanischer
Reiswein)
4 dl/400 ml Rahm/Sahne

Nuss-Brownies, Seite 86

1 Eigelbe und Zucker in einer Schüssel über dem heißen Wasserbad zu einer dickflüssigen Creme aufschlagen.

2 Milch erhitzen, Grünteepulver unterrühren. Milch unter die Eigelbmasse rühren. Bei Zimmertemperatur abkühlen lassen.

3 Sake und steif geschlagenen Rahm unter die Eigelbmasse rühren.

4 Parfaitmasse in eine geeignete Tiefkühldose füllen. Im Tiefkühler fest werden lassen. Gefrierzeit: 4 bis 5 Stunden.

Variante Für ein Vanilleparfait Grüntee und Sake durch 2 Vanilleschoten ersetzen. Diese längs aufschneiden, mit der Milch erhitzen, dann das Mark abstreifen und zur Milch geben.

schokoladenparfait

3 Eigelbe
von Freilandeiern
100 g Zucker
1¼ dl/125 ml Milch
200 g helle Couverture,
grob gehackt
2½ dl/250 ml
Rahm/Sahne
3 Eiweiß
1 Prise Salz
wenig Zucker

1 Eigelbe und Zucker in einer Schüssel über dem heißen Wasserbad zu einer dickflüssigen Creme aufschlagen.

2 Milch erhitzen, unter die Eigelbmasse rühren. Couverture unterrühren, schmelzen lassen. Weiterrühren, bis die Masse abgekühlt ist.

3 Rahm steif schlagen, unter die Schokoladencreme ziehen.

4 Eiweiß, Salz und Zucker zu Schnee schlagen, den Eischnee unter die Creme heben.

5 Parfaitmasse in Portionenförmchen oder in eine geeignete Tiefkühldose füllen. Im Tiefkühler fest werden lassen. Gefrierzeit: 4 bis 5 Stunden.

grünteeparfait

cranberry-ricottaparfait

cranberry-ricotta**parfait**

150 g gesüßte, getrocknete Cranberries
1 dl/100 ml Cranberrysaft
4 Eigelbe von Freilandeiern
150 g Zucker
4 dl/400 ml Milch
1 Vanilleschote, aufgeschnitten
150 g Ricotta

1 Getrocknete Cranberries über Nacht im Cranberrysaft einweichen.

2 Eigelbe und Zucker in einer Schüssel über dem heißen Wasserbad zu einer dickflüssigen Creme aufschlagen. Aus dem Wasserbad nehmen.

3 Vanillemark abstreifen, mit den Schotenhälften und der Milch erhitzen, Schote entfernen. Milch unter Rühren zur Eigelbmasse geben. Unter gelegentlichem Rühren abkühlen lassen. Ricotta und Cranberries unterrühren.

4 Cranberrymasse in eine geeignete Tiefkühldose füllen. Gefrierzeit: 4 bis 5 Stunden.

5 Vor dem Portionieren kurz in den Kühlschrank stellen.

beerenparfait

beeren**parfait**

4 Eigelbe
von Freilandeiern
130 g Zucker
½ l Fruchtmark,
Seite 11
1 TL Beerenschnaps,
z. B. Himbeergeist
2 dl/200 ml Rahm/Sahne,
steif geschlagen

1 Eigelbe, Zucker und 1 dl/100 ml Beerenpüree in einer Schüssel über dem heißen Wasserbad zu einer dickflüssigen Creme aufschlagen. Schüssel in kaltes Wasser (Wasser mit Eiswürfeln) stellen und Creme kalt schlagen.

2 Restliches Beerenpüree, Schnaps und Schlagrahm unter die Eigelbmasse rühren.

3 Parfaitmasse in Portionenförmchen oder in eine geeignete Tiefkühldose füllen. Im Tiefkühler fest werden lassen. Gefrierzeit: 4 bis 5 Stunden.

Abbildung Vanilleparfait, Rezept Seite 60 (Variante zu Grünteeparfait) herstellen. Vanille- und Beerenparfait in Scheiben schneiden und abwechslungsweise auf Teller oder in Schalen anrichten.

mokkaparfait

für 4 große Kaffeetassen

2 Eigelbe
von Freilandeiern
40 g Zucker
1 dl/100 ml kalter,
starker Kaffee
(Espresso)
2 Eiweiß
1 Msp Zucker
1 Prise Salz
1 dl/100 ml Rahm/Sahne

1 Eigelbe, Zucker und Kaffee in einer Schüssel über dem heißen Wasserbad zu einer dickflüssigen Creme aufschlagen. Die Schüssel in ein kaltes Wasserbad (Wasser mit Eiswürfeln) stellen, Creme kalt schlagen.

2 Eiweiß, Zucker und Prise Salz zu Schnee schlagen.

3 Rahm steif schlagen.

4 Eischnee und Schlagrahm abwechselnd unter die Kaffeemasse ziehen.

5 Parfaitmasse in Kaffeetassen füllen. Gefrierzeit: 4 Stunden.

schoko-grand-marnier-parfait

2 Eigelbe
1 dl/100 ml Milch
100 g Zartbitter-schokolade,
fein gehackt
3 EL Orangenlikör,
z. B. Grand Marnier
2 Eiweiß,
steif geschlagen
1 dl/100 ml
Halbrahm/Sahne,
steif geschlagen

1 Eigelbe, Milch, Schokolade und Orangenlikör über dem heißen Wasserbad zu einer dickflüssigen Creme aufschlagen. Die Schüssel in ein kaltes Wasserbad (Wasser mit Eiswürfeln) stellen, die Creme kalt schlagen, den Eischnee und den Rahm vorsichtig unterheben.

2 Die Schokoladenmasse in Portionenförmchen füllen. Gefrierzeit: 4 Stunden.

mokkaparfait

wiener eiskaffee

1 Kugel Vanilleeis (pro Person), Rezept Seite 36
1 Espresso

Heißen Espresso in eine große Kaffeetasse geben. Vanilleeiskugel dazugeben. Sofort servieren.

irish **icecoffee**

1 Espresso
1–2 Kugeln Vanilleeis (pro Person), Rezept Seite 36
2–3 EL Whiskey
flaumig geschlagener Rahm/Sahne

Espresso in ein hitzebeständiges Glas gießen. Mit Whiskey parfümieren. 1 bis 2 Kugeln Vanilleeis dazugeben. Mit Rahm garnieren.

swiss icecoffee

1 Espresso
1–2 Kugeln Vanilleeis (pro Person), Rezept Seite 36
2–3 EL Kirsch oder Pflümli
flaumig geschlagener Rahm/Sahne

Espresso in ein hitzebeständiges Glas geben. Mit Kirsch oder Pflümli parfümieren. 1 bis 2 Kugeln Vanilleeis dazugeben. Mit Rahm garnieren.

portozabaione

4 Eigelbe von Freilandeiern
1¼ dl/125 ml Portwein
130 g Zucker
2½ dl/250 ml Rahm/Sahne

1 Eigelbe in einer Schüssel über dem heißen Wasserbad cremig aufschlagen.

2 Portwein und Zucker erhitzen, unter Rühren zum Eigelb geben. Dazu am besten einen Stabmixer verwenden, damit sich die Zutaten gut verbinden.

3 Schüssel in kaltes Wasser (Wasser mit Eiswürfeln) stellen, Zabaione kalt schlagen.

4 Rahm steif schlagen und unter die Zabaione heben.

5 Zabaione in Gläser, Puddingformen oder Kunststoffbecher füllen. Gefrierzeit: 4 bis 5 Stunden.

Varianten Für eine Sherry-Zabaione Portwein durch gleiche Menge Sherry ersetzen. Für eine Marsala-Zabaione Portwein durch gleiche Menge Marsala ersetzen.

champagner-traubenzabaione

3 Eigelbe von Freilandeiern
1 dl/100 ml Champagner
100 g Zucker
1 Becher (1,8 dl/180 ml) Rahm/süße Sahne

200 g kernenlose oder entkernte weiße Traubenbeeren

1 Eigelbe, Champagner und Zucker in einer Schüssel über dem heißen Wasserbad dickflüssig aufschlagen. Die Schüssel in kaltes Wasser (Wasser mit Eiswürfeln) stellen und die Zabaione kalt schlagen.

2 Den Rahm steif schlagen, mit den Traubenbeeren unter die Zabaione rühren. Die Masse in eine Cakeform füllen. Gefrierzeit: mindestens 12 Stunden.

champagner-traubenzabaione

beerencassata

beeren**cassata**

für eine beschichtete Gugelhupfform von 1 l Inhalt oder eine beschichtete Springform von 20 cm Durchmesser

Biskuit
2 Eigelbe von Freilandeiern
1 Briefchen Vanillezucker
40 g Zucker
½ unbehandelte Orange
2 Eiweiß
1 Prise Salz, 1 EL Zucker
60 g Weißmehl

Ricotta-Parfaitmasse
250 g gemischte Beeren oder nur eine Sorte
1 sehr frisches Eigelb von einem Freilandei
100 g Akazienhonig
2 EL Orangensaft
250 g Ricotta
1 dl/100 ml Rahm/Sahne

Zum Zusammensetzen
2 dl/200 ml Orangensaft

1½ dl/150 ml Rahm/Sahne
1 Briefchen Vanillezucker
250 g Beeren

1 Gugelhupfform/Springform (Rand und Boden) mit weicher Butter einfetten. Kühl stellen. Backofen auf 180 °C vorheizen.

2 Eigelbe, Vanillezucker und Zucker in eine Schüssel geben, Orangenschale (nur orange Teile) auf der Bircherraffel dazureiben. Masse mit dem Handmixer auf der höchsten Stufe etwa 5 Minuten sehr luftig aufschlagen.

3 Schneebesen waschen, damit er fettfrei ist, sonst wird das Eiweiß nicht steif. Eiweiß und Salz steif schlagen, Zucker zugeben, weiterschlagen, bis die Masse sehr steif ist und glänzt. Eigelbmasse auf den Eischnee geben. Mehl darübersieben. Das Ganze mit einem Gummischaber vorsichtig mischen. Biskuitteig in die Form füllen. Im unteren Drittel des vorgeheizten Backofens bei 180 °C 25 Minuten backen. Form aus dem Ofen nehmen, etwas abkühlen lassen. Gugelhupf auf ein Gitter stürzen oder den Rand der Springform lösen und das Biskuit auf das Gitter stürzen. Form reinigen und mit Butter einfetten.

4 Für die Parfaitmasse Beeren pürieren, Masse durch ein Chromstahlsieb streichen, Rückstände gut ausdrücken. Eigelb, Honig und Orangensaft in eine Schüssel geben, über dem heißen Wasserbad zu einer dickflüssigen Masse aufschlagen. Schüssel vom Kochtopf nehmen, Ricotta sofort unterrühren. Den Rahm steif schlagen und vorsichtig unterheben.

5 Biskuit mit einem Sägemesser waagrecht zweimal durchschneiden. Biskuits und Füllung lagenweise in die Form schichten. Biskuits immer wieder mit Orangensaft beträufeln, mindestens 3 Stunden in den Tiefkühler stellen.

6 Cassata 20 Minuten vor dem Servieren stürzen, dazu die Form ein paar Sekunden in heißes Wasser tauchen. Rahm und Vanillezucker steif schlagen, in einen Spritzsack mit Sterntülle füllen, Cassata garnieren. Weitere 10 Minuten in den Kühlschrank stellen. Vor dem Servieren mit Beeren garnieren. Am Tisch in Portionen schneiden.

eisspaghetti

Vanilleeis
3 dl/300 ml Milch
1 dl/100 ml Rahm/Sahne
100 g Zucker
1 Vanilleschote, aufgeschnitten

Fruchtmark, Seite 11

1 Milch, Rahm, Zucker und Vanilleschote unter Rühren erhitzen, nicht kochen. Creme im Eiswasser (Wasser mit Eiswürfeln) unter zeitweiligem Rühren abkühlen lassen, Vanillemark abstreifen und zur Creme geben, im Kühlschrank oder Tiefkühler vorkühlen. Ab und zu rühren.

2 Gekühlte Creme in die laufende Eismaschine gießen, gefrieren lassen. Gefrierzeit: 20 bis 25 Minuten.

3 Vanilleeis in eine Vermicellepresse oder in ein Spätzlisieb füllen. Das Eis in vorgekühlte Schalen drücken. Oder das Vanilleeis in einen Spritzsack mit einer feinen Lochtülle füllen, spaghettiähnliche Fäden in die Schalen spritzen. Mit dem Fruchtmark garnieren.

eisspaghetti

orangen-vanillecooler

orangen-vanillecooler

Vanilleeis
3 dl/300 ml Milch
1 dl/100 ml Rahm/Sahne
100 g Zucker
1 Vanilleschote, aufgeschnitten

Orangensorbet
600 g saftige Blut- oder Blondorangen oder 400 g Orangenfilets
150 g Zucker

1 Flasche gekühltes Ginger Ale

Strohhalme
Sonnenschirmchen, nach Belieben

1 Für das Vanilleeis Milch, Rahm, Zucker und Vanilleschote unter Rühren erhitzen, nicht kochen. Creme im Eiswasser (Wasser mit Eiswürfeln) unter zeitweiligem Rühren abkühlen lassen, im Kühlschrank oder Tiefkühler vorkühlen. Ab und zu rühren. Vanillemark abstreifen und zur Creme geben. Gekühlte Vanillecreme in die laufende Eismaschine gießen, gefrieren lassen. Gefrierzeit: 20 bis 25 Minuten.

2 Für das Orangensorbet Orangen mit einem Messer großzügig schälen. Fruchtfilets aus den Trennhäutchen lösen, Kerne entfernen. Das Fruchtfleisch im Mixerglas zerkleinern, Zucker unterrühren. Fruchtmasse im Kühlschrank oder im Tiefkühler vorkühlen. Orangenpüree in die laufende Eismaschine gießen und gefrieren lassen. Gefrierzeit: 20 bis 25 Minuten.

3 Eine Kugel Vanilleeis in ein hohes Glas geben. Darauf eine Kugel Orangensorbet und eine weitere Kugel Vanilleeis setzen. Alles mit Ginger Ale auffüllen. Mit Strohhalmen und nach Belieben mit Sonnenschirmchen servieren.

fruchtige **eistorte**

1 gekaufter Biskuitboden von 20 cm Durchmesser

2 dl/200 ml Passionsfruchtsaft
500 g Aprikosen
125 g Zucker
1 Eiweiß von einem Freilandei
1 Prise Salz
500 g Naturjoghurt
1½ dl/150 ml Halbrahm/ Sahne
1 Briefchen Schlagrahm-/ Sahnefestiger
200 g Aprikosen- konfitüre
6 Passionsfrüchte, Fruchtfleisch ausgeschabt

1 Biskuit horizontal halbieren, eine Biskuithälfte auf eine Platte legen, mit der Hälfte (1 dl/100 ml) des Passionsfruchtsaftes beträufeln.

2 Aprikosen halbieren und entsteinen, Stielansatz entfernen, Frucht- hälften mit Zucker und restlichem Passionsfruchtsaft in einem Topf bei mittlerer Hitze weich garen, ab und zu rühren. Die Aprikosen fein pürieren, durch ein Sieb streichen und auskühlen lassen.

3 Joghurt und Aprikosenpüree glatt rühren. Eiweiß und Salz steif schlagen. Halbrahm und Schlagrahmfestiger steif schlagen. Eischnee und Schlagrahm unter die Aprikosenmasse heben, ein Drittel der Aprikosenmasse auf dem Biskuitboden verteilen, zweiten Biskuitboden darauflegen. Rand und Oberfläche mit restlicher Aprikosenmasse bedecken. Aprikosenkonfitüre mit dem Passionsfruchtfleisch mischen, streifenförmig auf die Torte auftragen. Im Tiefkühler mindestens 8 Stunden gefrieren lassen. Mit Klarsichtfolie zudecken.

4 Torte 15 Minuten vor dem Servieren in den Kühlschrank stellen.

fruchtige **eistorte**

kokos-nusseispralinen

kokosnusseispralinen

für 4 Eispralinen

100 g Zartbitter-schokolade

Kokosnusseis
3 dl/300 ml Kokos-nussmilch
1 dl/100 ml Rahm/Sahne
100 g Zucker
1 Vanilleschote, aufgeschnitten

4 Kokosnussmakronen, **Seite 83**
6 EL Kokosnussraspel

1 Zartbitterschokolade zerbröckeln, in eine kleine Schüssel geben, über dem heißen Wasserbad schmelzen.

2 Kokosnussmilch, Rahm, Zucker und Vanilleschote unter Rühren erhitzen, nicht kochen. Creme im Eiswasser (Wasser mit Eiswürfeln) unter zeitweiligem Rühren abkühlen lassen, im Kühlschrank oder Tiefkühler vorkühlen. Ab und zu rühren. Vanillemark abstreifen, zur Creme geben. Gekühlte Creme in die laufende Eismaschine gießen, gefrieren lassen. Gefrierzeit: 20 bis 25 Minuten.

3 Kokosnussmakronen auf ein Kuchengitter über einem Teller legen, je eine Kugel Kokosnusseis daraufgeben, etwas andrücken, mit der warmen Schokolade überziehen. Auf einen mit Kokosnussraspel bestreuten Teller geben, bis zum Servieren tiefkühlen.

vanillecornets

für ca. 20 Cornets

125 g weiche Butter
125 g Zucker
1 Vanilleschote, aufgeschnitten
2 Freilandeier
275 g Weißmehl
wenig lauwarmes Wasser

1 Butter, Zucker, abgestreiftes Vanillemark sowie Eier zu einer luftigen Masse aufschlagen. Mehl nach und nach unterrühren. So viel Wasser unterrühren, dass der Teig flüssig vom Löffel läuft. Teig bei Raumtemperatur zugedeckt mindestens 30 Minuten, besser aber 2 Stunden ruhen lassen.

2 Waffeleisen aufheizen, eventuell einfetten. Aus dem Teig goldgelbe Rondellen backen. Heiß zu Cornets rollen, auskühlen lassen.

karotten-mandeln-waffeln

für 8–12 Waffeln

125 g weiche Butter
200 g Zucker
1 Briefchen Vanillezucker
4 Eigelbe
1 EL Kirschwasser oder Zitronensaft
200 g Karotten
4 Eiweiß
100 g Weißmehl
50 g Weizenstärke, z. B. Epifin
1 TL Backpulver
100 g geriebene Mandeln
50 g Mandelstifte

1 Butter, Zucker, Vanillezucker, Eigelbe und Kirschwasser zu einer luftigen Masse aufschlagen.

2 Karotten schälen und auf der Bircherreibe reiben, unter die Butter-Eigelb-Masse rühren.

3 Eiweiß steif schlagen.

4 Mehl, Weizenstärke, Backpulver, geriebene Mandeln und Mandelstifte mischen.

5 Eischnee und Mehlmischung abwechslungsweise unter die Butter-Eigelb-Masse heben.

6 Das Waffeleisen aufheizen, eventuell einfetten. Aus dem Teig goldgelbe Waffeln backen.

kokos-nussmakronen

für ca. 30 Stück

200 g Kokosnussraspel
4 Eiweiß von Freilandeiern
200 g Puderzucker
300 g Marzipan-Rohmasse
2 EL Rum
1 unbehandelte Zitrone, abgeriebene Schale
100 g Zucker zum Bestreuen

1 Kokosnussraspel auf ein Backblech verteilen, im Backofen bei 100 °C etwa 15 Minuten trocknen.

2 Eiweiß steif schlagen, die Hälfte des Puderzuckers zugeben, weiterschlagen, bis die Masse sehr fest ist und glänzt.

3 Eischnee löffelweise unter die Marzipan-Rohmasse rühren. Kokosnussraspel, restlichen Puderzucker, Rum und Zitronenschale zugeben, zu einem flockigen, zähflüssigen Teig verarbeiten.

4 Backofen auf 160 °C vorheizen. Ein großes Backblech mit Backpapier belegen.

5 Teig in einen Spritzbeutel mit großer Lochtülle füllen, auf das Blech Häufchen von einem Druchmesser von 4 cm spritzen. Die Makrönchen mit Zucker bestreuen.

6 Das Blech in der Mitte in den Ofen schieben, Makrönchen bei 160 °C 20 bis 25 Minuten backen. Sie sollen außen knusprig und innen noch weich sein. Herausnehmen, auf dem Kuchengitter auskühlen lassen.

gebäck

sandwaffeln

für 8–12 Waffeln

200 g weiche Butter
150 g Zucker
4 Freilandeier
1 unbehandelte Zitrone, abgeriebene Schale
150 g Weißmehl
100 g Weizenstärke, z. B. Epifin
1 TL Backpulver

1 Butter, Zucker, Eier und Zitronenschale zu einer luftigen Masse aufschlagen. Mehl, Weizenstärke und Backpulver zugeben, zu einem cremigen Teig rühren.

2 Waffeleisen aufheizen, eventuell einfetten. Aus dem Teig goldgelbe Waffeln backen.

bananenwaffeln

für 8–12 Waffeln

150 g weiche Butter
50 g Akazienhonig
50 g Zucker
2 reife Bananen (200 g Fruchtfleisch)
½ Zitrone, Saft
3 Freilandeier
100 g Weißmehl
50 g Weizenstärke, z. B. Epifin
1 TL Backpulver

1 Butter, Honig und Zucker zu einer luftigen Masse aufschlagen.

2 Bananen schälen und zerkleinern, in einer Schüssel mit einer Gabel fein zerdrücken, Zitronensaft und Eier unterrühren.

3 Mehl, Weizenstärke und Backpulver mischen.

4 Bananen-Eier-Mischung zur Buttermasse geben, glatt rühren, Mehlmischung zugeben, zu einem cremigen Teig rühren.

5 Waffeleisen aufheizen, eventuell einfetten. Aus dem Teig goldgelbe Waffeln backen.

nussbrownies

für eine hohe, quadratische Form von 20 cm Länge oder eine Springform von 22 cm Durchmesser

200 g Zartbitterschokolade, grob gehackt
100 g Butterstückchen
3 Freilandeier
200 g Vollrohrzucker
1 Briefchen Bourbon-Vanillezucker
½ TL Salz
180 g Vollkornmehl
100 g Baumnuss-/Walnusskerne, grob gehackt

1 Backofen auf 180 °C vorheizen. Form mit wenig weicher Butter einfetten, mit Backpapier sorgfältig auskleiden.

2 Schokolade und Butter in einer Schüssel über dem heißen Wasserbad schmelzen. Schüssel aus dem Wasserbad nehmen, Schokomasse glatt rühren, wenig abkühlen lassen.

3 Eier, Zucker, Vanillezucker und Salz gut verrühren. Die noch warme Schokoladenmasse unterrühren. Das Mehl mit den Nüssen mischen, mit einem Gummischaber unterrühren. Den Teig in die vorbereitete Form füllen.

4 Das Blech im unteren Drittel in den Backofen schieben, Brownies bei 180 °C 35 Minuten backen. Die Brownies sind fertig gebacken, wenn an einem eingestochenen Zahnstocher klebrige Krümel haften bleiben.

5 Brownies in der Form auf einem Kuchengitter etwa 2 Stunden auskühlen lassen. Aus der Form heben und erst kurz vor dem Servieren in Quadrate oder Rechtecke schneiden.

Aufbewahren Ungeschnittene Brownies in Klarsichtfolie einpacken. So sind sie im Kühlschrank bis eine Woche haltbar. Vor dem Servieren Zimmertemperatur annehmen lassen.

haselnussmakronen

ergibt ca. 30 Stück

200 g Marzipan-Rohmasse
100 g geriebene Haselnüsse
200 g Zucker
4 Eiweiß

1 Backofen auf 200 °C vorheizen. Den Rücken eines großen, rechteckigen Backbleches mit Backpapier belegen.

2 Marzipan-Rohmasse, Haselnüsse, Zucker und ein Eiweiß zu einem glatten Teig kneten. Restliches Eiweiß unterrühren. Der Teig soll nicht schaumig werden.

3 Teig in einen Spritzbeutel mit großer Lochtülle füllen, Häufchen von 4 cm Durchmesser auf das Blech spritzen.

4 Blech in der Mitte in den Ofen schieben, Makronen bei 200 °C 20 Minuten backen. Blech aus dem Ofen nehmen, Makronen mit dem Backpapier vom Blech ziehen und darauf abkühlen lassen.

schokowaffeln

für 8–12 Waffeln

125 g weiche Butter
50 g Zucker
1 Briefchen Vanillezucker
3 Eigelbe, 1 EL Rum
3 Eiweiß
100 g Zucker
100 g Weißmehl
50 g Weizenstärke, z. B. Epifin
1 TL Backpulver
50 g geriebene Haselnüsse
100 g Milchschokolade, grob gehackt

1 Butter, Zucker und Vanillezucker luftig aufschlagen. Eigelbe und Rum nach und nach unterrühren.

2 Eiweiß steif schlagen, Zucker nach und nach einrieseln lassen und weiterschlagen, bis der Eischnee sehr fest ist und glänzt.

3 Mehl, Weizenstärke, Backpulver, Nüsse und Schokolade mischen.

4 Eischnee und Mehlmischung abwechselnd unter die Butter-Eigelb-Masse ziehen.

5 Waffeleisen aufheizen, eventuell einfetten. Aus dem Teig goldgelbe Waffeln backen.

register

a

Abricotine 10, 27
After Eight 52
Akazienblütenhonig 10
Aprikose 27, 78
Armagnac 10
Aromastoffe 10

b

Banane 85
Baumnuss 55, 86
Birne 25
Biskuit 73, 78
Blaubeere 43, 65, 73
Brombeere 51, 56, 65, 73
Brownie 86

c

Champagner 34, 70
Cognac 10, 32
Cointreau 10
Couverture 10
Cranberry 63

e

Eis, hart 10
Eis, weich 10
Eisbombe 10
Eiscreme 36 ff., 74, 76
Eisenkraut 28
Eiskaffee 68
Eismaschine 11
Erdbeere 40, 44, 65, 73

f

Flambieren 11
Fruchtmark 11
Fruchtpüree 11
Frühlingsblumenblüte 30

g

Gefrierdauer 12
Geranie 28
Gewürztraminer 12, 34
Grand Marnier 12, 59, 66
Granité 12, 32, 34
Grappa 32
Grüntee 60

h

Haselnuss 87
Heidelbeere 43, 65, 73
Himbeere 47, 51, 56, 65, 73
Honig 12
Holunderbeere 20, 73
Holunderblüte 31

j

Joghurt 36, 40, 43, 47, 51, 78

k

Kaffee 32, 66, 68
Karamell 13, 47
Karotte 82
Keime 13
Kirsche 22
Kokosnussmilch 81
Kokosnussraspel 81, 83
Kühlaggregat 13

l

Likör, Holunderbeer- 21
Lindenblüte 28

m

Makrone 83
Mandarine 44
Mandel 55, 82
Marc 13, 32
Marsala 13, 70
Marzipan 83, 87
Melone 34
Meringue 13
Minze 31, 52
Minzelikör 52
Mirabelle 25
Mirabellenschnaps 25

o

Orange 22, 77

p

Parfait 13, 59 ff.
Passionsfrucht 78
Pfirsich 27
Pistazie 56
Portwein 14, 70
Praline, Eis- 81

q

Quark 14, 48

r

Rhabarber 40
Ricotta 63, 73
Rosenblumenblüte 30

s

Sauermilch 44
Schokolade 36, 39, 48, 60, 66, 80, 87
Sherry 14, 70
Sirup, Holunderbeer- 21
Sliwowitz 14, 27
Sorbet 21 ff., 77
Soufflé 14
Spaghetti, Eis- 74
Spoom 14
Stachelbeere 21

t

Teig, Biskuit- 73
Teig, Brownie- 86
Teig, Waffel- 92, 85

v

Vanille 36, 48, 52, 74, 77
Verveine 28

w

Waffel 82, 85, 87
Walnuss 55, 86
Weintraubenbeere 70
Williams 15, 25, 59

z

Zabaione 15, 71 ff.
Zucker 15
Zusatzstoffe 15